BEI GRIN MACHT SICH IHR
WISSEN BEZAHLT

- Wir veröffentlichen Ihre Hausarbeit,
  Bachelor- und Masterarbeit

- Ihr eigenes eBook und Buch -
  weltweit in allen wichtigen Shops

- Verdienen Sie an jedem Verkauf

Jetzt bei www.GRIN.com hochladen
und kostenlos publizieren

Persönlichkeitspsychologie. Klassische Gütekriterien, Histrionische Persönlichkeitsstörung, Gesundheit und Persönlichkeit, Optimismus und 16-Persönlichkeitsfaktoren-Test

Lisa Muller

Bibliografische Information der Deutschen Nationalbibliothek:

Die Deutsche Nationalbibliothek verzeichnet diese Publikation in der Deutschen Nationalbibliografie; detaillierte bibliografische Daten sind im Internet über http://dnb.d-nb.de abrufbar.

ISBN: 9783346422378
Dieses Buch ist auch als E-Book erhältlich.

Druck und Bindung: Books on Demand GmbH, Norderstedt Germany
Gedruckt auf säurefreiem Papier aus verantwortungsvollen Quellen

Das vorliegende Werk wurde sorgfältig erarbeitet. Dennoch übernehmen Autoren und Verlag für die Richtigkeit von Angaben, Hinweisen, Links und Ratschlägen sowie eventuelle Druckfehler keine Haftung.

Das Buch bei GRIN: https://www.grin.com/document/1024636

EINSENDEAUFGABE

- ALTERNATIVE A -

abgegeben am 12.03.2021

Modulverantwortlicher Hochschullehrer:

SRH-Fernhochschule

Modul: Persönlichkeitspsychologie

Studiengang: B. Sc. Psychologie

von

Lisa Muller

Abkürzungsverzeichnis

16 PF:	16 Persönlichkeitsfaktoren Test
bspw.:	beispielsweise
bzw.:	beziehungsweise
d.h.:	das heißt
DSM-5:	Diagnostic and Statistical Manual of Mental Disorders in Version 5
ICD-10:	International Classification of Diseases in Version 10
Vgl.:	Vergleiche
WHO:	World Health Organization
z.B.:	zum Beispiel

Tabellenverzeichnis

1. Aufgabe A1

1.1. Definition des Begriffs "Psychische Störungen"

Psychische Störungen, welche man auch als Persönlichkeitsstörungen bezeichnet, haben einen großen Einfluss auf das soziale Leben der betroffenen Personen. Persönlichkeitsstörungen können nur in der Interaktion mit anderen sichtbar werden. Sie beeinflussen stark das Erlebens- und Verhaltensmuster der Betroffenen. Da es sich um ein stabiles und überdauerndes Verhaltensmuster handelt, leidet oftmals entweder die Person selbst oder aber ihr soziales Umfeld unter dessen psychischen Störung.[1] Sie können das eigene Wohlbefinden erheblich beeinträchtigen und zu Depressionen führen, gelegentlich sogar zu Selbstverletzungen. Andere hingegen geraten häufiger in Konflikt mit ihren Mitmenschen oder dem Gesetz.[2] Um sicher zu sein, dass es sich um eine Persönlichkeitsstörung handelt, muss auf jeden Fall eine körperliche Krankheit (z.B. Tumor) und der Missbrauch von Substanzen (z.B. Medikamente) ausgeschlossen werden können.[3] Meist erscheinen die ersten Anzeichen einer psychischen Störung erst in der Jugend oder im frühen Erwachsenenalter.[4]

In der klinischen Psychologie werden psychische Störungen anhand von psychometrischer Tests (Persönlichkeitstests) ermittelt. Die kategoriale Diagnostik von Persönlichkeitsstörungen erfolgt meist durch das DSM-5 (*Diagnostic and Statistical Manual of Mental Disorders* in Version 5) von der American Psychiatric Association oder das ICD-10 (*International Classification of Diseases* in Version 10) von der WHO. Sowohl das DSM-5 als auch das ICD-10 funktionieren nach dem Prinzip der Klassifikation verschiedener Persönlichkeitsstörungstypen anhand von spezifischer Charaktereigenschaften, Emotionen und Verhalten.[5] Die beiden Klassifikationssysteme *„sind operationalisiert, das heißt sie beinhalten explizite Kriterien für Symptome und Syndrome und darüber hinaus klare diagnostische Entscheidungsregeln, z. B. durch Ein- und Ausschlusskriterien oder Verknüpfungsregeln."*[6]

Im DSM-5 werden 10 Arten von psychischen Störungen nach Wesensähnlichkeit in 3 Clustern geordnet. Das Cluster A beinhaltet die Persönlichkeitsstörungen, welche ein sonderbares oder exzentrisches Benehmen an den Tag legen. Es handelt sich hierbei um die paranoide, die schizoide und die schizotypische Persönlichkeitsstörung. Im Cluster B werden die antisozialen,

---

[1] Vgl. Renneberg & Herpertz, 2021, S.14
[2] Vgl. Hautzinger & Thies, 2009, S.63-64
[3] Vgl. Renneberg & Herpertz, 2021, S.28
[4] Vgl. Gerrig, 2018, S.590
[5] Vgl. Renneberg & Herpertz, 2021, S.27; Vgl. Caspar, Pjanic & Westermann, 2018, S.16
[6] Caspar et al., 2018, S.16

die Borderline, die histrionischen und die narzisstischen Verhaltensstörungen aufgezählt. Sie haben ein dramatisches oder affektregulationsgestörtes Verhalten gemein. Im Cluster C werden die Menschen klassifiziert die unnormal ängstliches oder furchtsames Verhalten vorzeigen. Hierzu gehören die vermeidend-selbstunischeren, die abhängigen und die zwanghaften Persönlichkeitsstörungen.[7]

Wohingegen das DSM-5 ausschließlich psychische Störungen codiert, beinhaltet das ICD-10 alle Krankheiten.[8] Es handelt sich hier um ein System zur Klassifizierung von körperlichen und geistigen Störungen, welches in verschiedene Kapitel unterteilt wird. Die psychischen Störungen werden im Kapitel 5 des ICD-10 aufgelistet und ihre Codierung beginnt mit dem Buchstaben "F". Die erste Ziffer nach dem "F" betitelt die Oberkategorie der Diagnose, also z.B. F3: Affektive Störungen. Die darauffolgende Ziffer definiert eine spezifische Kategorie von Diagnosen (z.B. F31: Bipolare affektive Störung). Anschließend wird ein Punkt gesetzt und eine oder mehrere Ziffern folgen darauf, welche eine noch präzisere Diagnose ermöglichen (z.B. F31.5: Bipolare affektive Störung, gegenwärtig schwer depressive Episode mit psychotischen Symptomen).[9]

1.2. Die klassischen Gütekriterien psychometrischer Tests

Laut Pospeschill und Spinath (2009) handelt es sich bei der psychologischen Diagnostik darum, durch eine bestimmte Fragestellung anhand von standardisierten Methoden (z.B. Fragebogen) Merkmale einer Person oder Gruppe zu diagnostizieren.[10]

In der psychologischen Diagnostik wird zwischen verschiedenen Arten von Diagnostik unterschieden. In dieser Arbeit interessieren wir uns ausschließlich für die individuelle Diagnostik, spezifisch die klinische Psychologie.[11] Hierbei sind die nicht direkt beobachtbaren psychischen Merkmale einer Person gemeint, welche mittels individueller Diagnostik quantifizierbar gemacht werden. Ziel dieses Verfahrens ist es eine Person einer bestimmten Klasse psychischer Störungen entweder zuzuordnen oder auszuschließen.[12]

---

[7] Vgl. Gerrig, 2018, S.591
[8] Vgl. Caspar et al., 2018, S.17-18
[9] Vgl. Renneberg & Herpertz, 2021, S.28; Vgl. Praxis Wiesbaden, 2021
[10] Vgl. Pospeschill & Spinath, 2009, S.14
[11] Vgl. Pospeschill & Spinath, 2009, S.16
[12] Vgl. Schienle & Ille, 2011, S.49-50

Um den psychometrischen Tests eine gewisse Qualität zu garantieren müssen die klassischen Gütekriterien eines Testverfahrens erfüllt sein. Es wird anschließend zwischen Hauptgütekriterien (Objektivität, Reliabilität, Validität) und Nebengütekriterien differenziert.[13]

1.2.1. Objektivität

Wenn das gemessene Merkmal, welches das Testergebnis darstellt, unabhängig von Testleiter, Testprüfer und Ergebnisinterpretation ist, ist die Objektivität eines Tests gegeben. Demnach muss jede Person die den Test mit dem selben Testverfahren und der selben Testperson durchführt, die selben Testergebnisse erhalten. Es wird hinsichtlich der Objektivität anschließend zwischen drei Aspekten unterschieden:[14]

- Von einer *Durchführungsobjektivität* spricht man, wenn das Ergebnis einer Testperson unabhängig vom Testleiter ist. Um eine maximale Durchführungsobjektivität zu erreichen, sollten die Testleiter auf standardisierte Tests zurückgreifen, d.h. die Vorgabe bestimmter Testbedingungen wie z.B. das Testmaterial und das Zeitlimit sollten vorgegeben sein und eingehalten werden. Die Testperson soll als einzige Variationsquelle in einer Testsituation funktionieren.[15]

- Im Gegensatz zur Durchführungsobjektivität wird bei der *Auswertungsobjektivität* darauf geachtet, dass das Testergebnis einer Person nicht vom Testauswerter abhängig ist. Um die Testauswertung zu vereinfachen, schlagen Moosbrugger & Kelava (2012) vor, in den Tests auf Mehrfachwahlaufgaben zurückzugreifen und dessen richtige Antworten im Voraus zu definieren. Eine Übereinstimmung der Testauswertungen der Testauswerter führt somit zu einer erhöhten Auswertungsobjektivität.[16] Bei offenen Testfragen gibt es bei der Auswertung zu große Interpretationsmöglichkeiten seitens der Testauswerter. Demnach eignen sich letztere nicht um eine hohe Auswertungsobjektivität zu erreichen. Der Konkordanzkoeffizient von Kendall (1962) beschreibt die Messung des Grades der Übereinstimmung der Testauswertungen der Beurteiler bezüglich einer Testperson.[17]

- *Interpretationsobjektivität* ist gegeben, wenn verschiedene Testauswerter aus denselben Auswertungsergebnissen dieselben Schlussfolgerungen ziehen. Die Testleiter können manuelle Unterstützung leisten, indem sie detaillierte Informationen zu den Ergebnissen

---

[13] Vgl. Schienle & Ille, 2011, S.50
[14] Vgl. Pospeschill & Spinath, 2009, S.57
[15] Vgl. Moosbrugger & Kelava, 2012, S.9
[16] Vgl. Moosbrugger & Kelava, 2012, S.9-10
[17] Vgl. Pospeschill & Spinath, 2009, S.58; Vgl. Kendall, M. G., 1962, zitiert nach Moosbrugger & Kelava, 2012, S.10

der Eichstichproben bereitstellen, damit die Testpersonen mit relevanten Bezugsgruppen (z. B. Altersgruppen) verglichen werden können.[18]

1.2.2. Reliabilität

Bei der Reliabilität handelt es sich um die Messgenauigkeit eines Tests. Dieser wird als reliabel, also zuverlässig, angesehen, wenn keine Messfehler vorhanden sind. Der Reliabilitätskoeffizient misst einen Wert zwischen 0 und 1. Bei einem Wert von 1 sind keine Messfehler vorhanden. Bei einem Wert von 0 hingegen ist der Messwert ausschließlich durch Messfehler zustande gekommen. Ein Reliabilitätskoeffizient gilt als befriedigend, wenn dessen Wert nicht unter 0,7 fällt.[19]

Nach Moosbrugger & Kelava (2012) wird zwischen vier Vorgehensweisen unterschieden um die Messgenauigkeit eines Tests zu bestimmen:

- Retest-Reliabilität: Um den Grad der Zuverlässigkeit bestimmen zu können, wird das selbe Merkmal durch das selbe Testverfahren zu zwei unterschiedlichen Zeitpunkten durchgeführt. Die Reliabilität ist anschließend gegeben, wenn die beiden Ergebnisse miteinander korrelieren.[20]

- Paralleltest-Reliabilität: Hier werden denselben Testpersonen zwei sich stark ähnelnden Tests vorgelegt, „[...] *deren beobachtete Testwerte zu gleichen Mittelwerten und Varianzen führen."*[21]

- Testhalbierungs-Reliabilität: Sollte es nicht möglich sein einen Test auf die gleiche Weise zu wiederholen, wird dieser in zwei äquivalente Hälften aufgeteilt. Dieses Verfahren bestimmt anschließend die Korrelation zwischen den beiden Testhälften. Meist wird ein Korrekturfaktor eingeleitet, welcher dafür sorgt, dass der Test wieder auf die ursprüngliche Form zurückgesetzt werden kann.[22]

- Konsistenzanalyse: Bei der Konsistenzanalyse wird jeder Gegenstand (Item) eines Tests als eigenständiger Testbestandteil bewertet. Im Falle einer stark positiven Korrelation zwischen den Testbestandteilen, spricht man von einer hohen internen Konsistenz.[23]

---

[18] Vgl. Pospeschill & Spinath, 2009, S.58; Vgl. Moosbrugger & Kelava, 2012, S.10
[19] Vgl. Pospeschill & Spinath, 2009, S.58
[20] Vgl. Moosbrugger & Kelava, 2012, S.12
[21] Pospeschill & Spinath, 2009, S.59
[22] Vgl. Moosbrugger & Kelava, 2012, S.12-13
[23] Vgl. Pospeschill & Spinath, 2009, S.60

1.2.3. Validität

Die Validität gilt als das wichtigste Gütekriterium und überprüft die Gültigkeit der Testergebnisse, d.h. ob ein Test effektiv das Merkmal misst, welches er messen soll.[24]

- Die *Inhaltsvalidität* eines Tests ist dann gegeben, wenn ein Test (z.B. Experteninterview) bei einem zu messenden Merkmal (z.B. Vertrauen) als repräsentative Stichprobe aller Testitems (z.B. Perfektionismus, Ängstlichkeit, Höflichkeit) dargestellt werden kann.[25]

- Bei der *Augenscheinvalidität* handelt es sich darum, ob ein Laien bei der Bearbeitung eines Tests „augenscheinlich" erkennen kann, welche Merkmale anhand des Tests erfasst werden sollen.[26]

- *„Ein Test weist Konstruktvalidität auf, wenn der Rückschluss vom Verhalten der Testperson innerhalb der Testsituation auf zugrunde liegende psychologische Persönlichkeitsmerkmale [...] wie Fähigkeiten, Dispositionen, Charakterzüge, Einstellungen wissenschaftlich fundiert ist."*[27] Mit anderen Worten ist es Aufgabe der *Konstruktvalidität* zu überprüfen ob bei einem Intelligenztest wirklich das nicht beobachtbare Persönlichkeitsmerkmal „Intelligenz" gemessen wird oder ob doch eher ein anderes Konstrukt, wie z.B. die „Gewissenhaftigkeit" gemessen wird.[28]

- *Kriteriumsvalidität* liegt dann vor, wenn bei der praktischen Anwendung eines Tests das beobachtete Verhalten der Testperson ebenfalls außerhalb der Testsituation beobachtet werden kann.[29]

1.2.4. Nebengütekriterien

Zu den Nebengütekriterien lassen sich folgende Begriffe kurz erwähnen:

- Bei der *Normierung*, auch Eichung genannt, wird ein numerisches Bezugssystem erstellt um die Ergebnisse einer Testperson mit den Ergebnissen einer Referenzgruppe vergleichen zu können. Um ein Verhältnis zwischen beiden Ergebnissen auswerten zu können, werden die Testantworten in Zahlen umgewandelt, wie dies unter anderem bei

---

[24] Vgl. Moosbrugger & Kelava, 2012, S.13
[25] Vgl. Pospeschill & Spinath, 2009, S.62
[26] Vgl. Pospeschill & Spinath, 2009, S.62
[27] Moosbrugger & Kelava, 2012, S.16
[28] Vgl. Moosbrugger & Kelava, 2012, S.16
[29] Vgl. Pospeschill, 2010, S.26

einem IQ-Test der Fall ist. So wird es einer Testperson ermöglicht sich mit seinen Ergebnissen gegenüber anderen zu positionieren.[30]

- Damit die Merkmalsunterschiede zwischen den Testpersonen entsprechend dargestellt werden können, sorgt die *Skalierung* dafür, dass die Ergebnisse in empirischer Form in Skalenniveaus dargestellt werden können. Ein Test dieser Art sollte zumindest ordinal- besser jedoch intervallskaliert sein.[31]

- Bei der *Ökonomie* eines Tests wird auf die Wirtschaftlichkeit dessen geachtet. Ein Test sollte „[...] *unter akzeptabler Aufwendung finanzieller* [...] *und zeitlicher* [...] *Ressourcen*"[32] durchgeführt werden. Ziel ist es demnach die Kosten auf ein Minimum zu reduzieren ohne dabei die wissenschaftliche Arbeit zu gefährden.[33]

- Das Nebengütekriterium *Praktikabilität* bezieht sich auf die nützliche Anwendbarkeit eines Tests, d.h. dass für die jeweilige Testperson der geeignetste Test ausgewählt wird.[34]

- Die *Zumutbarkeit* bezieht sich auf die physische, psychische und zeitliche Beanspruchung des Tests auf die zu testende Person.[35]

- Ist es einer Testperson nicht möglich das Messprinzip des Tests zu durchschauen und somit seine Testwerte gezielt nach „sozialer Erwünschtheit" zu verzerren, spricht man von der *Unverfälschbarkeit* eines Messinstruments.[36]

- *Testfairness* ist gegeben, „[...] *wenn die resultierenden Testwerte zu keiner systematischen Benachteiligung bestimmter Personen aufgrund ihrer Zugehörigkeit zu ethnischen, soziokulturellen oder geschlechtsspezifischen Gruppen führen.*"[37]

1.3. Die histrionische Persönlichkeitsstörung

Die histrionische (lat. histrio; der Schauspieler)[38] Persönlichkeitsstörung, früher auch hysterische Persönlichkeitsstörung genannt, wird nach dem DSM-5 als tiefgreifendes Muster übermäßiger Emotionalität oder Strebens nach Aufmerksamkeit definiert (Cluster B) und macht sich meist erst

[30] Vgl. Preckel & Brüll, 2008, S.43-44
[31] Vgl. Pospeschill & Spinath, 2009, S.64
[32] Pospeschill, 2010, S.30
[33] Vgl. Pospeschill, 2010, S.30
[34] Vgl. Himme, 2009, S.486
[35] Vgl. Moosbrugger & Kelava, 2012, S.22
[36] Vgl. Moosbrugger & Kelava, 2012, S.23
[37] Moosbrugger & Kelava, 2012, S.24
[38] Vgl. Paulitsch & Karwautz, 2019, S.235

im frühen Erwachsenenalter bemerkbar. Die Diagnose kann gestellt werden, wenn mindestens 5 der folgenden 8 Kriterien zutreffen:[39]

- Die Person fühlt sich unwohl sobald sie nicht im Mittelpunkt des Geschehens steht.
- Bei der Interaktion mit anderen Menschen wird oft auf sexuell verführerisches oder provokantes Benehmen gesetzt.
- Betroffene neigen dazu ihre Gefühle rasch wechselhaft und oberflächlich zum Ausdruck zu bringen.
- Die körperliche Erscheinung wird stets genutzt um in den Vordergrund zu treten.
- Die Person hat einen überaus bildlichen, aber wenig detaillierten Sprachstil.
- Selbstdramatisierung, theatralisches Benehmen und einen lebhaften Gefühlsausdruck sind typische Anzeichen.
- Sie ist leicht beeinflussbar durch andere Personen / Umstände.
- Sie empfindet Beziehungen oft als inniger als sie eigentlich sind.[40]

Nach Butcher, Mineka und Hooley (2009) setzt sich die histrionische Persönlichkeitsstörung in extremer Erscheinungsform aus den beiden Persönlichkeitsmerkmalen „Extraversion" und „Neurotizismus" zusammen. Aufgrund eines Mangels an empirischer Forschung für die Diagnose, lässt sich nur vermuten, dass diese Persönlichkeitsstörung genetisch bedingt ist.[41]

Menschen mit einer histrionischen Persönlichkeitsstörung werden oft durch ihre exzentrische Art und ihre übertriebene Emotionalität als „nervig" empfunden. Ihr ständiges Streben nach Anerkennung und Aufmerksamkeit erschwert es ihnen Bekanntschaften oder langandauernde Beziehungen einzugehen. Sie leben nach dem Motto *„Ich will etwas Besonderes sein und im Mittelpunkt stehen"* und sind deshalb oft auffallend und verführerisch gekleidet.[42]

Im klinischen Kontext, fällt es den Betroffenen schwierig sich auf eine gruppentherapeutische Situation einzulassen. Sie fühlen sich nicht genügend beachtet, was meist zu emotionalen Ausbrüchen sowie starken körperlichen Reaktionen führt. Die Einzeltherapie wird bei dieser Persönlichkeitsstörung als sinnvoller empfunden, da der Therapeut seine volle Aufmerksamkeit ausschließlich auf den Patienten richten kann und somit dessen Geltungsdrang befriedigen kann.[43]

---

[39] Vgl. Renneberg & Herpertz, 2021, S.33
[40] Vgl. Renneberg & Herpertz, 2021, S.33
[41] Vgl. Butcher, Mineka & Hooley, 2009, S.461
[42] Vgl. Renneberg & Herpertz, 2021, S.116
[43] Vgl. Renneberg & Herpertz, 2021, S.117-121

2. Aufgabe A2

2.1. Zusammenhang zwischen Gesundheit und Persönlichkeit

Die Gesundheit ist ein Alltagsthema eines jeden Menschen. Noch bevor man krank wird, macht man sich bereits Gedanken über seine Gesundheit: Esse ich zu ungesund? Bewege ich mich genug? Werde ich wie meine Mutter ebenfalls Krebs bekommen?[44] In der Gesundheitspsychologie werden Gesundheit und Krankheit nicht als sich gegenseitig ausschließende Begriffe angesehen. Es gibt Menschen die sich gesund fühlen, jedoch aber krank sind, oder umgekehrt.[45]

Wurde die Gesundheitspsychologie früher als die Abwesenheit von Krankheit bezeichnet, so beschreibt die WHO (1948) in ihrer Verfassung Gesundheit als ein mehrdimensionales Konzept, denn sie spricht von einem Zustand körperlichen, psychischen und sozialen Wohlbefindens einer Person, sowie von fehlenden Krankheitssymptomen.[46] Folglich muss auch die Umwelt des Menschen in der er lebt als eine Quelle seiner Gesundheit beachtet werden.[47] Die Gesundheitspsychologie ist ein noch relativ neues Teilgebiet der Psychologie und hat als Ziel das Erleben und Verhalten der Menschen im Zusammenhang mit Gesundheit zu beschreiben, zu erklären und zu optimieren.[48] Sie beschäftigt sich mit Fragen wie z.B. „Wer wird krank und warum?" und „Wie können Erkrankungen verhindert werden?"[49] Da es bei der Gesundheitspsychologie nicht nur um biologische Merkmale geht, sondern auch um psychische und soziale Faktoren, welche in Wechselwirkung auf Gesundheit und Krankheit agieren, spricht man von einer biopsychosozialen Modellvorstellung.[50] Demzufolge ist es wichtig zu berücksichtigen, dass es sowohl objektive Aspekte (medizinisch-technische Messungen) als auch subjektive Aspekte (körperliche, soziale und psychische Wohlbefinden) in Bezug auf die Gesundheit des Menschen zu beachten gilt.[51]

Des Weiteren bezeichnen Lippke und Renneberg (2006) die Gesundheit des Menschen als dynamischen Prozess. Demnach handelt es sich hierbei nicht um einen invariablen Zustand des

---

[44] Vgl. Faltermaier, 2017, S.13
[45] Vgl. Lippke & Renneberg, 2006, S.11
[46] Vgl. Maltby, Day & Macaskill, 2011, S.872; Vgl. WHO, 1942, zitiert nach Lippke & Renneberg, 2006, S.7-8
[47] Vgl. Kreddig & Karimi, 2013, S.230
[48] Vgl. Lippke & Renneberg, 2006, S.5
[49] Vgl. Lippke & Renneberg, 2006, S.3
[50] Vgl. Lippke & Renneberg, 2006, S.4+9
[51] Vgl. Lippke & Renneberg, 2006, S.8

Wohlbefindens, da Menschen von einem Tag auf den anderen erkranken können. Somit muss Gesundheit anschließend immer wieder neu erlangt und aufgebaut werden.[52]

In ihrem Buch *„Differentielle Psychologie, Persönlichkeit und Intelligenz"* unterscheiden Maltby, Day und Macaskill (2011) zwischen vier verschiedenen Modellen wie Krankheit und Persönlichkeit zusammenhängen können:[53]

- Jeder kennt eine Person bei der man davon ausgeht, dass deren Antrieb und Ehrgeiz sich auf Dauer nicht positiv auf dessen Gesundheit ausüben kann. Die beiden Kardiologen Friedman und Rosenman fanden bereits in den 1950er heraus, dass es Persönlichkeitseigenschaften gibt, die bestimmte gesundheitsgefährdende Verhaltensweisen hervorbringen. Die Rede ist hier von der Typ-A Persönlichkeit, ein komplexes Verhaltensmuster von Emotionen und Verhalten. Typisch für den Typ-A sind toxische Charakterzüge wie z.B. Aggressivität, Feindseligkeit, Ungeduld und Konkurrenzdrang. Ihre Streben nach Mehr bewirkt, dass sie oft unzufrieden sind. Sie gehören zu der Gruppe der Gefährdeten welche sehr häufig koronare Herzerkrankungen erleiden. Die Feindseligkeit gilt als das gefährlichste Persönlichkeitsmerkmal einer Person. Sie sorgt für die höchsten Werte bei der Stressempfindung. Im Gegensatz zum Typ-A hat das Typ-B Verhaltensmuster ein ruhiges Gemüt und ist nicht konkurrenzorientiert. Personen mit der Typ-B Persönlichkeit werden bedeutend weniger herzkrank. Folglich lässt sich klar beobachten, dass psychische Komponenten einen Einfluss auf physisches Wohlergehen haben können oder mit anderen Worten: Es besteht eine *kausale Beziehung zwischen Gesundheit und Persönlichkeit*.[54]

- In diesem zweiten Modell geht man nicht mehr von einem kausalen, sondern von einem *korrelativen Zusammenhang zwischen Gesundheit und Persönlichkeit* aus, d.h. beide haben eine biologische Ursache: Eine genetische Veranlagung die sowohl für die Krankheit als auch für die Persönlichkeit verantwortlich ist.[55] Auch hier können wir auf das Beispiel der koronaren Herzerkrankungen zurückgreifen. Im Gegensatz zum kausalen Zusammenhang, wird hier von einer biologischen Ursache, nämlich dem Gen, ausgegangen, welcher sowohl die Feindseligkeit (Typ-A Persönlichkeit) vererbt hat als auch die genetische Anfälligkeit einer Herzerkrankung.[56]

[52] Vgl. Lippke & Renneberg, 2006, S.8
[53] Vgl. Maltby et al., 2011, S.853
[54] Vgl. Gerrig, 2018, S.501
[55] Vgl. Weber & Vollmann, 2005, S.526
[56] Vgl. Maltby et al., 2011, S. 851-852

- Persönlichkeitsmerkmale können dazu führen, dass sich Personen bestimmte Verhaltensweisen aneignen, welche einen direkten Einfluss auf deren Gesundheit haben. In diesem dritten Modell geht man folglich davon aus, dass die Persönlichkeitseigenschaft selbst nicht der Grund einer Erkrankung ist, jedoch aber Voraussetzung einer negativen Verhaltensweise ist, welche krankmachen kann.[57] Rauchen, ungesundes Essen, wenig körperliche Bewegung und ein hoher Alkoholkonsum sind typische Laster einer Persönlichkeit mit schwacher Gewissenhaftigkeit.[58] Des Weiteren sind Menschen mit einer Sensation-Seeking Persönlichkeit ebenfalls gefährdet, da sie einen schädlichen Lebensstil befürworten um sich lebendig zu fühlen (z.B. Drogenkonsum oder Extremsportarten).[59]

- *Persönlichkeitsmerkmale können sich durch das Erleiden einer Krankheit verändern.* Dabei kann die Veränderung der Persönlichkeit bereits vor der Entdeckung der Krankheit stattfinden.[60] So kann ein Tumor welcher auf das Gehirn drückt, dafür sorgen, dass eine bislang extrovertierte Person sich plötzlich zurückzieht und depressive Züge entwickelt. Es kann allerdings auch sein, dass sich die Depression erst nach der Diagnose in stationärer Behandlung oder sogar nach der Genesung manifestiert.[61]

Diese vier Arten der biopsychosozialen Korrelation deuten klar darauf hin, dass ein Zusammenhang zwischen Persönlichkeitsmerkmalen und Gesundheitszustand auf verschiedene Weisen interpretiert werden kann.[62]

Zusammenfassend ist Gesundheit ein Zustand, welcher nicht nur durch körperliches, soziales und psychisches Wohlbefinden aufrechterhalten werden kann. Die Menschen streben ebenfalls nach Leistungsfähigkeit und nach Selbstverwirklichung.[63]

2.2. Das Konzept des Optimismus

Die Gesundheitspsychologie beschäftigt sich mit der Frage, welche Persönlichkeitsmerkmale als gesundheitsrelevant betrachtet werden können und welche besonders anfällig für psychische und

---

[57] Vgl. Weber & Vollmann, 2005, S.525
[58] Vgl. Segerstrom, 2000, S.185
[59] Vgl. Weber & Vollmann, 2005, S.525-526
[60] Vgl. Weber & Vollmann, 2005, S.526-527
[61] Vgl. Maltby et al., 2011, S.853; Weber & Vollmann, 2005, S.527
[62] Vgl. Maltby et al., 2011, S.853-854
[63] Vgl. Lippke & Renneberg, 2006, S.8

physische Erkrankungen sind.[64] Kohlmann (2003) unterscheidet hier zwischen emotionsbezogenen und kontrollorientierten Persönlichkeitseigenschaften.[65] Wie in dieser Arbeit bereits erläutert wurde, sind Feindseligkeit, Hass und Angst affektive Charakterzüge, welche sich auf Dauer negativ auf die Gesundheit eines Menschen ausüben können. Die kontrollorientierten, auch kognitive Persönlichkeitsmerkmale genannt, sind hingegen gewohnte Überzeugungen und Erwartungen eines Menschen mit Einfluss auf deren Gesundheitszustand, wie z.B. der Optimismus auf den wir in den folgenden Abschnitten näher eingehen werden.[66]

2.2.1. Optimismus und Gesundheit

Optimisten gehen im Gegensatz zu Pessimisten mit einer positiven Grundhaltung durchs Leben.[67] Scheier und Carver (2001) definieren in ihrem Modell der Selbstregulation den *dispositionalen Optimismus*, als eine allgemein positive Erwartung von zukünftigen Ereignissen, welcher mit dem *Life Orientation Test* gemessen werden kann.[68] Dieses gesundheitsrelevante Persönlichkeitsmerkmal lässt sich in funktionale (positive Handlungs-Ergebnis-Erwartung) und defensive (positive Situations-Ergebnis-Erwartung) Optimismus einteilen.[69] Der *funktionale Optimismus* fördert gesunde Verhaltensweisen, wie z.B. auf die Ernährung achten.[70] Optimistischen Menschen sagt man nach, dass sie nach dem Motto: *"Es wird schon alles gut gehen"* leben. Diese Einstellung kann jedoch auch zu Problemen führen. Die Rede ist hier vom *defensiven Optimismus* und kann auch als optimistischer Fehlschluss bezeichnet werden. Beim defensiven Optimismus geht der Mensch davon aus, dass seine Entscheidungen und sein Verhalten keine negativen Konsequenzen haben werden. Sie nehmen also eine Abwehrhaltung gegenüber Bedrohungen ein.[71] So glauben Optimisten mit einer verzerrten Risikowahrnehmung z.B., dass der Nikotinkonsum die Erkrankung an Lungenkrebs bei Anderen wahrscheinlicher macht, jedoch er selbst nicht gefährdet sei.[72]

Optimismus ist ein wichtiger Bestandteil der *positiven Psychologie*, welche „[...] *die Erforschung von Wohlbefinden, Glück und Zufriedenheit, konstruktiven Gedanken (Optimismus, Hoffnung,*

---

[64] Vgl. Hammelstein, 2006, S.61
[65] Vgl. Kohlmann, 2003, zitiert nach Hammelstein, 2006, S.61
[66] Vgl. Weber & Vollmann, 2005, S.527
[67] Vgl. Renner & Weber, 2005, S.446
[68] Vgl. Scheier & Carver, 2001, zitiert nach Weber & Vollmann, 2005, S.527
[69] Vgl. Faselt & Hoyer, 2007, S.95
[70] Vgl. Schwarzer & Renner, 1997, S.59
[71] Vgl. Schwarzer & Renner, 1997, S.45
[72] Vgl. Maltby et al., 2011, S.872

Vertrauen), Talenten, Stärken und Tugenden sowie die Anwendung dieser positiven Auswirkungen auf das eigene Leben"[73] als Ziel hat.[74]

Aus einer Studie von Scheier und Carver (1985) mit Jurastudenten, welche kurz vor Semesterschluss standen, ließ sich erschließen, dass Optimisten bis zu einem bestimmten Maß einen besseren *Copingstil* gegenüber Stressfaktoren haben als Pessimisten.[75] Die Studenten wurden gebeten Angaben zu ihren Krankheitssymptomen zu geben, als auch einen Fragebogen bezüglich ihres dispositionalen Optimismus auszufüllen. Dieser Prozess wurde anschließend nach einem Monat wiederholt.[76] Die Studenten mit hoher Ausprägung von Optimismus zeigten weitaus bessere Immunreaktionen auf als die anderen. Jedoch galt dies nur bei niedrigerem Stressanspruch. Bei erhöhtem Stress, sanken ihre Immunwerte ab. Optimismus ist also nicht nur gesundheitsfördernd, stattdessen gilt auch für Optimisten ab einem gewissen Punkt kürzer zu treten um sich nicht gesundheitlich zu schaden.[77]

Wenn man vom defensiven Optimismus absieht, bewirkt positives Denken in den meisten Fällen zu einem gesundheitsfördernden Verhalten, stärkt das Immunsystem und sorgt für eine allgemeine Zufriedenheit im Leben.[78] Lübke (2016) spricht von einem positiven Zusammenhang zwischen Optimismus und subjektiver Wahrnehmung, welcher sich folglich vorteilhaft auf die Lebenserwartung auswirkt und zudem bewirkt, dass Optimisten länger leben als Pessimisten.[79]

2.2.2. Handlungsempfehlungen für Führungskräfte um Optimismus am Arbeitsplatz zu berücksichtigen

Optimismus hat nachweislich eine positive Wirkung auf die Leistung und den Erfolg einer Person.[80] Deswegen ist es für Führungskräfte eine gute Idee den Optimismus am Arbeitsplatz zu unterstützen, denn sie finden stets kreative Lösungen und lassen sich nicht so schnell aus der Bahn werfen. Im Folgenden werden kurz drei Handlungsempfehlungen erläutert, welche einer Führungskraft ermöglichen den Optimismus seiner Mitarbeiter zu berücksichtigen.

---

[73] Braun, 2020, S.7
[74] Vgl. Braun, 2020, S.7
[75] Vgl. Scheier & Carver, 1985, zitiert nach Schütz & Hoge, 2007, S.39
[76] Vgl. Schütz & Hoge, 2007, S.39
[77] Vgl. Gerrig, 2018, S.502
[78] Vgl. Schütz & Hoge, 2007,S.51
[79] Vgl. Lübke, 2016, S.142-143
[80] Vgl. Nürnberger, Hölzl & Haslan, 2019, S.177

Führungskräfte sollten die Kompetenz ihrer Mitarbeiter richtig einschätzen können. Das Delegieren von Aufgaben schafft Vertrauen zwischen beiden, denn der Angestellte fühlt sich anschließend in seinen Fähigkeiten und Ideen bestätigt. Die Rede ist hier von einem *symbolischen Interaktionismus*: Der Optimist vermittelt aktiv das gewünschte positive Bild seines Selbst mittels seines seriösen Auftretens, seiner Stärken und Talenten und fühlt sich in ihnen bestätigt, sobald er die gewünschten Aufgaben übertragen bekommen hat.[81]

Eine weitere Handlungsempfehlung für den Arbeitgeber ist es Empathie gegenüber seinen Mitarbeitern zu zeigen. Lässt sich die Führungskraft darauf ein, sich mit seinen Angestellten ab und zu ausführlich auszutauschen, so wird er sie besser kennen lernen und mögliche Missverständnisse können vermieden werden. Die Rede ist hier von einer *falschen kognitiven Einschätzung* einer Person, welche negative Konsequenzen mit sich bringen könnten.[82] So werden optimistische Arbeitnehmer, welche von ihrem Chef nicht die nötige Aufmerksamkeit und Anerkennung für ihre Kompetenz bekommen, sich auf Dauer eine neue Stelle suchen. Um solch einen Verlust zu verhindern, sollte eine Führungskraft die nötige soziale Kompetenz besitzen und sich die Mühe machen die Stärken der Mitarbeiter ausfindig zu machen.

Abschließend lässt sich behaupten, dass Optimisten eine Bereicherung für *Teamarbeit* sind. Sie haben die Fähigkeiten die anderen mit ihren Ideen mitzureißen und sie zu motivieren neue Wege einzuschlagen. Ihr positives Denken ist in einem Team ansteckend und fördert den Glauben an den Erfolg.[83] Führungskräfte sollten folglich darauf achten, dass sie ein Team zusammenstellen, in welchem genügend Optimisten beteiligt sind, damit sie mit einem bestmöglichen Ergebnis für den Betrieb rechnen können.

3. Aufgabe A3

3.1. Modell der 16 Persönlichkeitseigenschaften nach Cattell

Der britisch-US-amerikanische Persönlichkeitspsychologe Raymond Bernard Cattell studierte an der University of London zuerst Chemie, um sich anschließend der Psychologie zu widmen. Cattell interessierte sich sehr für die Faktorenanalyse.[84] Hierbei handelt es sich um

---

[81] Vgl. Weidner, 2017, S.174-176
[82] Vgl. Weidner, 2017, S.149
[83] Vgl. Fox, 2014, S.17-18
[84] Vgl. Maltby et al., 2011, S.301

quantifizierbare Daten, welche das Verhalten von Menschen in verschiedenen Situationen widerspiegeln.[85] Laut der Definition von Salewski und Renner (2009) ist das Ziel der Faktorenanalyse, „[...] *solche Gemeinsamkeiten aufzudecken und diejenigen Faktoren zu isolieren, die diese Gemeinsamkeiten am besten repräsentieren.*"[86] Sein Interesse an der Faktorenanalyse wurde von seinem Lehrer und Erfinder der Faktorenanalyse Charles Spearman geweckt.[87] Cattell veröffentlichte im Laufe seiner Karriere 35 Bücher und über 400 wissenschaftliche Artikel.[88] Er gilt als einer der einflussreichsten Eigenschaftstheoretiker den es je gab.[89] Dies hat er nicht zuletzt durch seine Entwicklung des 16-Persönlichkeitsfaktoren Tests geschafft, welchem sich diese Arbeit widmet. Ein Test der auch heute immer noch Verwendung, unter anderem, in der Personalauswahl findet.[90]

Raymond Cattell (1950) unterschied in der Eigenschaftstheorie zwischen Oberflächeneigenschaften (surface traits) und Grundeigenschaften (source traits).[91] Unter Oberflächeneigenschaften verstand er verschiedene Eigenschaften der Persönlichkeit, die bei vielen Menschen zusammen auftreten, aber in der Regel keine gemeinsame Ursache haben.[92] Hier wäre ein Beispiel, dass gesellige Personen oftmals auch sorglose und optimistische Charaktereigenschaften aufweisen. Folglich zeigt die Faktorenanalyse auf, dass bei hohen Messwerten des Faktors *Geselligkeit* auch hohe Werte bei den Eigenschaften *Sorglosigkeit* und *Optimismus* ermittelt werden können. Durch diese Korrelation der Messwerte schließt Cattell auf eine zugrunde liegende gemeinsame Persönlichkeitseigenschaft, die sogenannte Grundeigenschaft, die anhand von Oberflächeneigenschaften gemessen wird.[93] Sie repräsentiert die Quelle für das Verhalten an der Oberfläche.[94] In diesem Fall lässt sich aus den Oberflächeneigenschaften *Sorglosigkeit* und *Optimismus* die Grundeigenschaften *Extraversion* ermitteln.[95]

Im Jahre 1936 legten die amerikanischen Psychologen Gordon Allport und H.S. Odbert mittels lexikalischer Erhebung fest, dass es insgesamt 17.953 Adjektive gibt, welche Persönlichkeitseigenschaften beschreiben.[96] Cattell und seine Mitarbeiter (1957) reduzierten

---

[85] Vgl. Salewski & Renner, 2009, S.76
[86] Salewski & Renner, 2009, S.76
[87] Vgl. Maltby et al., 2011, S.301
[88] Vgl. Maltby et al., 2011, S.301
[89] Vgl. Rauthmann, 2017, S.237
[90] Vgl. Rauthmann, 2017, S.247
[91] Vgl. Cattell, 1950, zitiert nach Maltby et al., 2011, S.303
[92] Vgl. Salewski & Renner, 2009, S.75
[93] Vgl. Maltby et al., 2011, S.303
[94] Vgl. Rauthmann, 2017, S.238
[95] Vgl. Maltby et al., 2011, S.303
[96] Vgl. Gerrig, 2018, S.510

diese Anzahl an Adjektive indem sie zunächst alle Synonyme herausfilterten und diese wiederholt Faktorenanalysen unterzogen.[97]

Für eine detaillierte Persönlichkeitsanalyse griff Cattell auf drei Datenquellen zurück: L-Daten, Q-Daten und T-Daten. Unter L-Daten (life-data) verstand er das Erleben und Auftreten einer Person im Alltag durch bspw. Fremdbeschreibungen, Tagebuchanalysen oder Auszüge aus Registern und Archiven. Die Q-Daten (questionnaire-data) lassen sich durch Selbstbeschreibung mittels eines Fragebogens oder Interviews ermitteln. Daten aus standardisierten Testverfahren werden T-Daten (test-data) genannt. Sie werden auch als objektive Tests bezeichnet (z.B. Rorschach-Test), da Cattell sie so anlegte, dass es einer Testperson nicht möglich war sie bewusst durch ihr Verhalten zu verfälschen.[98] Die Daten welche durch die L-, Q- und T-Datenquellen erhoben wurden, wurden anschließend mehreren Faktorenanalysen unterzogen. Als Resultat ermittelte Cattell 16 Primärfaktoren, welche den zentralen Grundeigenschaften des Menschen entsprechen.[99] So entwickelte er das Messinstrument 16 PF (16 Persönlichkeitsfaktoren Test). Die 16 PF sind jeweils bipolar angelegt. Dies bedeutet, dass jeder Faktor mit zwei Extrempolen dargestellt wird. Zudem werden sie hierarchisch nach Varianzstärke geordnet.[100] Cattell unterschied zudem zwischen Temperaments-, Fähigkeits- und Motivationseigenschaften. Bei den 16 PF handelt es sich größtenteils um temperamentsbezogene Eigenschaften.[101] Des Weiteren ließen sich 12 Faktoren aus Q- und L-Daten finden, welche in der Tabelle unten mit Buchstaben vermerkt sind. Die Buchstaben "D", "J" und "K" fehlen im 16 PF, da sich diese Faktoren im Laufe der Zeit nicht mehr replizieren ließen.[102] Zudem lassen sich weitere 4 Faktoren erfassen, die sich ausschließlich auf Q-Daten beziehen (Q1-Q4).[103] Aus diesen 16 Persönlichkeitseigenschaften leitete Cattell schließlich 5 Globalfaktoren (Gewichtung mehrerer Primärfaktoren) ab: die Extraversion, die Unnachgiebigkeit, die Selbstkontrolle, die Ängstlichkeit und die Unabhängigkeit.[104]

---

[97] Vgl. Cattell., 1957, zitiert nach Maltby et al., 2011, S.304
[98] Vgl. Rauthmann, 2017, S.243; Maltby et al., 2011, S.305
[99] Vgl. Maltby et al., 2011, S.305
[100] Vgl. Rauthmann, 2017, S.243
[101] Vgl. Salewski & Renner, 2009, S.78
[102] Vgl. Rauthmann, 2017, S.243
[103] Vgl. Angleitner & Riemann, 2005, S.96
[104] Vgl. Rauthmann, 2017, S.245

Kürzel	Primärfaktor	Bipolare Beschreibung	Globalfaktor
A	Wärme	Sachorientierung vs. Kontaktorientierung	Extraversion Unnachgiebigkeit
B	Logisches Schlussfolgern	Konkretes Denken vs. abstraktes Denken	-
C	Emotionale Stabilität	Emotionale Störbarkeit vs. emotionale Widerstandsfähigkeit	Ängstlichkeit
E	Dominanz	Soziale Anpassung vs. Selbstbehauptung	Unabhängigkeit
F	Lebhaftigkeit	Besonnenheit vs. Begeisterungsfähigkeit	Extraversion Selbstkontrolle
G	Regelbewusstsein	Flexibilität vs. Pflichtbewusstsein	Selbstkontrolle
H	Soziale Kompetenz	Zurückhaltung vs. Selbstsicherheit	Extraversion Unabhängigkeit
I	Empfindsamkeit	Robustheit vs. Sensibilität	Unnachgiebigkeit
L	Wachsamkeit	Vertrauensbereitschaft vs. skeptische Haltung	Ängstlichkeit Unabhängigkeit
M	Abgehobenheit	Pragmatismus vs. Unkonventionalität	Unnachgiebigkeit Selbstkontrolle
N	Privatheit	Unbefangenheit vs. Überlegenheit	Extraversion
O	Besorgtheit	Selbstvertrauen vs. Besorgtheit	Ängstlichkeit
Q1	Offenheit für Veränderung	Sicherheitsinteresse vs. Veränderungsbereitschaft	Unnachgiebigkeit Unabhängigkeit
Q2	Selbstgenügsamkeit	Gruppenverbundenheit vs. Eigenständigkeit	Extraversion
Q3	Perfektionismus	Spontanität vs. Selbstkontrolle	Selbstkontrolle
Q4	Anspannung	Innere Ruhe vs. innere Gespanntheit	Ängstlichkeit

Tabelle 1: Primärfaktoren des Temperaments im 16 PF
Quelle: Eigene Darstellung in Anlehnung nach dem Modell von Rauthmann, 2017, S.244

Cattels 16 PF wurde mehrfach weiterentwickelt, wodurch es zu Änderungen der Faktorennamen kam.[105] Heute wird dieser Test als 16 PF-R bezeichnet, wobei das "R" für die revidierte Fassung des Tests gilt.[106]

3.2. Bedeutung des 16-PF Modells in der Personalauswahl von Verkaufsmitarbeitern

Nach 50 Jahren praktischer Erfahrung, gilt der 16 PF als "Klassiker" unter den Persönlichkeitstests und findet besonders im anglo-amerikanischen Bereich Zuspruch. Eine deutschsprachige Version des Tests wurde relativ spät etabliert und wurde anfangs stark kritisiert. Demnach wurde der 16 PF im deutschsprachigen Raum zunächst eher selten verwendet. Doch Cattells besonders starke wissenschaftliches Bestreben, als auch das ständige Werben für sein Messinstrument führten zum Erfolg der 16 PF.[107]

Die 16 PF kann folglich durchaus als Messinstrument in der Personalauswahl genutzt werden. Da er jedoch nicht für die Berufspraxis entwickelt wurde und daher die Dimensionen des Tests nicht spezifisch auf diesen Bereich ausgelegt wurden, sollte der 16 PF nur als ein unterstützendes Messinstrument genutzt werden.[108]

In der Personalauswahl für Verkaufsmitarbeiter würde sich der Persönlichkeitsfaktor *"Soziale Kompetenz"* als notwendig erweisen. Da es im Verkauf wichtig ist hilfsbereit und freundlich mit den Kunden umzugehen, ist es unerlässlich eine gewisse soziale Kompetenz zu besitzen. Man sollte wissen, wie man mit dem Kunden umzugehen hat, ihm zuhören können, um ihm anschließend das richtige Produkt anbieten zu können. Ein guter Verkäufer muss sich trauen können auf ihn zuzugehen und ein gewisses Gespür für die Bedürfnisse des Kunden haben.

Ein weiterer wichtiger Faktor für einen Verkäufer ist die *"Emotionale Stabilität"*. Manchmal kommt es zu stressigen Situationen im Verkauf. Die Kunden können ungeduldig sein, da es ihnen nicht schnell genug vorangeht oder sie sind unzufrieden, gar wütend, wenn sie von einem verkauften Produkt enttäuscht sind. In der Position des Verkäufers ist es in solchen Situationen wichtig Ruhe zu bewahren. Er darf sich nicht von Beschwerden oder Beleidigungen provozieren oder einschüchtern lassen.

[105] Vgl. Angleitner & Riemann, 2005, S.96
[106] Vgl. Matlby et al., 2011, S.305
[107] Vgl. Hossiep, Paschen & Mühlhaus, 2000, S.103
[108] Vgl. von der Linde & Schustereit, 2010, S.165

4. Literaturverzeichnis

Angleitner, A., Riemann, R. (2005). Eigenschaftstheoretische Ansätze. In: Weber, H., Rammsayer, T. (Hrsg.), *Handbuch der Persönlichkeitspsychologie und Differentiellen Psychologie* (S.93-103). Göttingen: Hogrefe Verlag.

Braun, O. L., Gail, K., Greinert, A. (2020). Das Modell des positiven Selbstmanagements und seine bisherige empirische Bestätigung. In: Braun, O. L. (Hrsg.), *Positive Psychologie, Kompetenzförderung und Mentale Stärke - Gesundheit, Motivation und Leistung fördern* (S.1-22). Berlin Heidelberg: Springer Verlag.

Butcher, J. N., Mineka, S., Hooley, J. M. (2009). *Klinische Psychologie* (13., aktualisierte Auflage). München: Pearson Studium.

Caspar, F., Pjanic, I., Westermann, S. (2018). Klinische Psychologie. In: *Klinische Psychologie. Basiswissen Psychologie.* Wiesbaden: Springer VS.

Faltermaier, T. (2017). *Gesundheitspsychologie* (2., überarbeitete und erweiterte Auflage). Stuttgart: W. Kohlhammer Verlag.

Faselt, F., Hoyer, J. (2007). Formen des Optimismus und ihr Vorhersagewert für die Gesundheit. In: Richter, P. G., Rau, R., Mühlpfordt, S. (Hrsg.), *Arbeit und Gesundheit - Zum aktuellen Stand in einem Forschungs- und Praxisfeld* (S.95-109). Lengerich: Pabst Science Publishers.

Fox, E. (2014). *In jedem steckt ein Optimist* (1. Auflage). München: Bertelsmann Verlag.

Gerrig, R. (2018). Psychologie. In: Dörfler, T., Roos, J. (Hrsg.), *Psychologie* (21., aktualisierte und erweiterte Auflage). Pearson Deutschland GmbI I.

Hammelstein, P. (2006). Konzepte von Gesundheit und Krankheit. In: Renneberg, B., Hammelstein, P. (Hrsg.), *Gesundheitspsychologie* (S.61-106). Berlin Heidelberg: Springer-Lehrbuch.

Hautzinger, M., Thies, E. (2009). *Klinische Psychologie: Anwendungsbereich psychische Störungen* (1. Auflage). Basel: Beltz Verlag.

Himme, A. J. (2009). Gütekriterien der Messung: Reliabilität, Validität und Generalisierbarkeit, In: Albers, S., Klapper, D., Konradt, U., Walter, A., Wolf, J. (Hrsg.), *Methodik der empirischen Forschung* (S.485-500). (3., überarbeitete und erweiterte Auflage). Wiesbaden: Springer Fachmedien.

Hossiep, R., Paschen, M., Mühlhaus, O. (2000). *Persönlichkeitstest im Personalmanagement - Grundlagen, Instrumente und Anwendungen.* Göttingen: Hogrefe Verlag.

Kreddig, N., Karimi, Z. (2013). *Psychologie für Pflege- und Gesundheitsmanagement.* Wiesbaden: Springer VS.

Lippke, S., Renneberg, B. (2006). Konzepte von Gesundheit und Krankheit. In: Renneberg, B., Hammelstein, P. (Hrsg.), *Gesundheitspsychologie* (S.7-12). Berlin, Heidelberg: Springer-Lehrbuch.

Lübke, R. (2016). Optimismus. In: Frey, D. (Hrsg.), *Psychologie der Werte - Von Achtsamkeit bis Zivilcourage – Basiswissen aus Psychologie und Philosophie* (S.137-148). Berlin Heidelberg: Springer Verlag.

Maltby, J., Day, L., Macaskill, A. (2011). *Differentielle Psychologie, Persönlichkeit und Intelligenz* (2., aktualisierte Auflage). München: Pearson Studium.

Moosbrugger, H. Kelava, A. (2012). Qualitätsanforderungen an einen psychologischen Test (Testgütekriterien). In: Moosbrugger, H. Kelava, A. (Hrsg.), *Testtheorie und Fragebogenkonstruktion* (S.8-26). (2., aktualisierte und überarbeitete Auflage). Berlin Heidelberg: Springer-Verlag.

Nürnberger, E., Hölzl, F., Raslan, N. (2019). *Selbstbewusst auftreten im Job - Wie Sie mit Optimismus und Mut mehr erreichen* (1. Auflage). Freiburg: Haufe Verlag.

Paulitsch, K., Karwautz, A. (2019). *Grundlagen der Psychiatrie* (2., aktualisierte und überarbeitete Auflage). Wien: Facultas Verlags- und Buchhandels AG.

Pospeschill, M., Spinath, F. M. (2009). *Psychologische Diagnostik* (1. Auflage). München Basel: Ernst Reinhardt Verlag.

Pospeschill, M. (2010). *Testtheorie, Testkonstruktion, Testevaluation.* München Basel: Ernst Reinhardt Verlag.

Praxis Wiesbaden (2021). *Internationale statistische Klassifikation der Krankheiten und verwandter Gesundheitsprobleme - Version 2021.* Zugriff am 12.03.2021. Verfügbar unter https://www.praxis-wiesbaden.de/icd10-gm-diagnosen/block-f30-f39.php

Preckel, F., Brüll, M. (2008). *Intelligenztests*. München: Ernst Reinhardt Verlag.

Rauthmann, J. F. (2017). *Persönlichkeitspsychologie: Paradigmen - Strömungen - Theorien*. Berlin Heidelberg: Springer Verlag.

Renneberg, B. & Herpertz. S. C. (2021). *Persönlichkeitsstörungen* (1. Auflage). Göttingen: Hogrefe Verlag.

Renner, B., Weber, H. (2005). Optimismus. In: Weber, H., Rammsayer, T. (Hrsg.), *Handbuch der Persönlichkeitspsychologie und Differentiellen Psychologie* (S.446-454). Göttingen: Hogrefe Verlag.

Salewski, C., Renner, B. (2009). *Differentielle und Persönlichkeitspsychologie* (1. Auflage). München: Ernst Reinhardt Verlag.

Schienle, A., Ille, R. (2011). Klinisch-psychologische Diagnostik. In: Lehrner, J., Stolba, K., Traun-Vogt, G., Völkl-Kernstock, S. (Hrsg.), *Klinische Psychologie im Krankenhaus* (S.49-58). Wien: Springer Verlag.

Schwarzer, R., Renner, B. (1997). Risikoeinschätzung und Optimismus. In: Schwarzer, R. (Hrsg.), *Gesundheitspsychologie: Ein Lehrbuch* (S.43-66). (2., überarbeitete und erweiterte Auflage). Göttingen: Hogrefe Verlag.

Schütz, A., Hoge, L. (2007). *Positives Denken : Vorteile - Risiken - Alternativen* (1. Auflage). Stuttgart: W. Kohlhammer Verlag.

Segerstrom, S. C. (2000). Personality and the immune system: Models, Methods and Mechanisms. *Annals of Behavioral Medicine*, 22 Jg., S.180-190.

von der Linde, B., Schustereit, S. (2010). *Personalauswahl: Schnell und sicher Top-Mitarbeiter finden* (4. Auflage). Freiburg: Haufe Verlag.

Weber, H., Vollmann, M. (2005). Gesundheitspsychologie. In: Weber, H., Rammsayer, T. (Hrsg.), *Handbuch der Persönlichkeitspsychologie und Differentiellen Psychologie* (S. 524-534). Göttingen: Hogrefe Verlag.

Weidner, J. (2017) *Optimismus - Warum manche weiter kommen als andere*. Frankfurt am Main: Campus Verlag.

BEI GRIN MACHT SICH IHR WISSEN BEZAHLT

- Wir veröffentlichen Ihre Hausarbeit,
  Bachelor- und Masterarbeit

- Ihr eigenes eBook und Buch -
  weltweit in allen wichtigen Shops

- Verdienen Sie an jedem Verkauf

Jetzt bei www.GRIN.com hochladen
und kostenlos publizieren